RUM

Imke Rudel wurde 1966 in Bremen geboren. Sie hat Biologie studiert und dabei auch als Imkerin gearbeitet. Eines ihrer liebsten Hobbys ist das Lesen. Nach der Geburt ihrer beiden Kinder hat sie damit begonnen, selbst Bücher zu schreiben. Und das ist seitdem ihre Lieblingsbeschäftigung. Mit ihrer Familie und ihrem Wuschelhund lebt sie heute in Bremen.

Peter Braun wurde 1970 in München geboren und wuchs dort unter den Flußpiraten an der Isar auf. Schon früh verdiente er sein Geld mit dem Zeichnen von Schatzkarten. Heute segelt er mit acht PiratenkollegInnen unter der Fahne der „Amaldis“ durch die weite Welt, mit Pinsel und Stift immer auf der Suche nach neuen Abenteuern.

Bildermaus

Lesewörterbuch

Imke Rudel

Das weiß ich über Piraten

Illustrationen von Peter Braun

Loewe

Der Umwelt zuliebe ist dieses Buch
auf chlorfrei gebleichtem Papier gedruckt.

ISBN 978-3-7855-4627-7
1. Auflage 2007

Umschlagillustration: Peter Braun
Reihenlogo: Angelika Stubner
Printed in Italy (011)

www.loewe-verlag.de

Inhalt

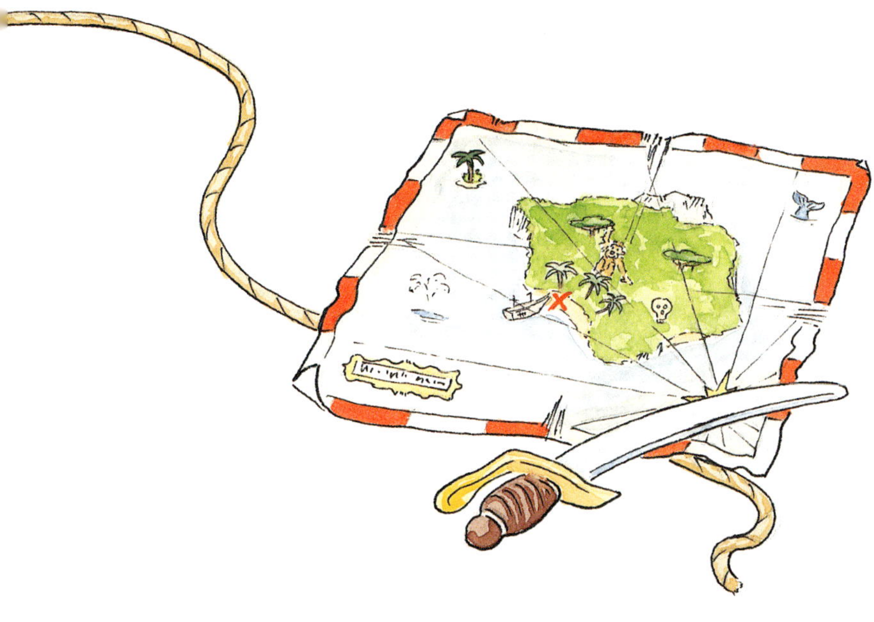

Bei den Piraten

Sven mit dem  ist sauer:

„Schon wieder  !“

Auch die anderen  maulen:

„Und dazu gibt’s harten 

und immer nur 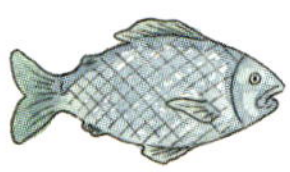 . Davon wird

ja der stärkste  schwach! Wir

wollen  !“, meckert John  .

„Und  !“ „  !“ „  !“

Die  rufen jetzt wild

durcheinander.

„Alles ist aufgegessen!“, bedauert

der  . Er zeigt auf die

leeren  und zupft verlegen

an seinem .

„Bei Neptuns  : Unser 

sitzt in der  und steckt

seine  in ein . Wir müssen

ein  überfallen!“, fordert

John , und alle 

nicken zustimmend mit ihren .

„Na gut!“ Seufzend klappt

der  sein spannendes  zu.

Er würde viel lieber weiterlesen.

Er ist nämlich nur  geworden,

weil er als einziger  lesen kann.

„Auf geht's , jetzt holen

wir uns ,  und 

und für jeden  einen 

von “, grölt der .

„Lichtet den  und setzt die !“

„Aye, aye, !“, rufen die .

das Schiff
der Kapitän
das Buch
der Koch
die Ecke
die Hakenhand
der Ohrring
der Fisch
der Dreizack

Bei den Piraten

Piraten:

Piraten gibt es, seit die Menschen zur See fahren. Unsere Piraten sind Bukanier, die berühmten Piraten, die vor ca. 300 Jahren die Karibik unsicher gemacht haben.

Bohnen und Zwieback:

Getrocknete Bohnen und Zwieback sind sehr haltbar und waren auf jeder Seefahrt dabei. Beides mussten Piraten und Seeleute oft essen, wenn sie lange unterwegs waren.

Fisch:

Wenn die frischen Vorräte verbraucht waren, versuchten die Piraten, Fische oder Schildkröten zu angeln. Aber wer will jeden Tag Fisch?

Koch:

Der Koch auf einem Schiff heißt Smutje. In der Kombüse bereitet er das Essen für die Seeleute zu. Auf einem kleinen Schiff kocht er auf offenem Feuer an Deck.

Neptuns Dreizack:

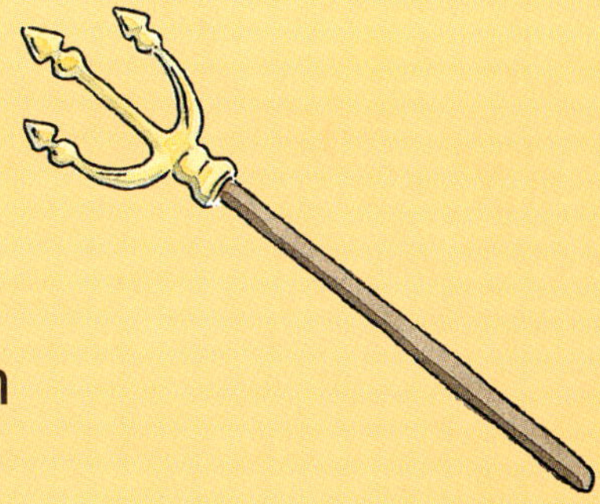

Neptun ist der Gott des Meeres, und ein Dreizack ist sein Zeichen. Die Seeleute beteten früher zu ihm für eine sichere Fahrt übers Meer.

Kapitän:

Der Kapitän wurde bei den Piraten gewählt. Er blieb nur so lange ihr Anführer, wie alle mit ihm zufrieden waren und es ausreichend Beute gab.

Auf zum Entern

John  ist in den  geklettert. Mit einem  sucht er das 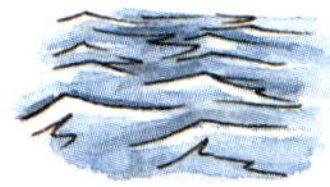 ab. Plötzlich ruft er: „Ich sehe ein ! Hisst die !“ Schnell haben sie das andere  eingeholt. Die  werfen ihre  in die  und 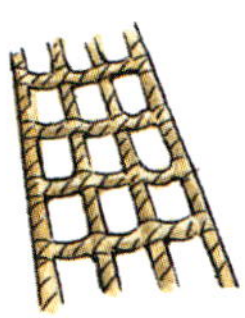 hinüber.

„Jetzt wird geentert!“, schreit

der  und schwingt sich

am  über die  .

Die anderen  haben

die  erkannt und ergeben

sich darauf sofort. Die 

stürmen in den . Sie

freuen sich auf wertvolle .

Aber was ist das? „Nur eine 
mit alten  !“, stellt John 
fest und zuckt enttäuscht
mit den  .

Zuletzt verlässt Sven mit dem 

das fremde . In der 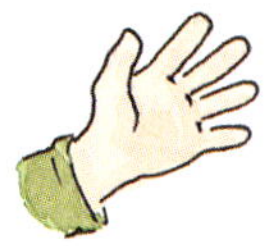

hält er eine : „Schaut mal,

was ich hinter der  gefunden

habe. Vielleicht ist da noch 

drin?“, ruft Sven.

Gierig öffnet er die  und setzt

sie an den . Gleich danach

spuckt er etwas aufs  :

„Pfui  ! Was ist denn das?“

die Flagge
die Spinne
das Seil
die Taue/
Takelage
die Hand
der Mund
die Reling
das Meer
das
Deck

Auf zum Entern

Mastkorb:

Der Mastkorb wird auch Krähennest genannt. Er ist an der Spitze des höchsten Mastes, und von ihm aus hat man den besten Ausblick.

Enterhaken:

Der Enterhaken war aus Eisen, hatte drei oder vier Haken und war an einem langen Seil befestigt. Er wurde in die Segel des anderen Schiffes geworfen, um es näher heranzuziehen.

Beute:

Piraten erbeuteten nicht nur Geld und Gold. Sie nahmen alles mit, was sie gut weiterverkaufen konnten. Ihre Beute nannten sie „Prise“.

Auf zum Entern

Flagge:

Piraten hatten oft Knochen oder einen Totenschädel in ihrer Flagge. Wenn sie die Piratenflagge sahen, wussten ihre Opfer sofort, mit wem sie es zu tun hatten.

Laderaum:

Der Laderaum war ein großer Raum unter Deck. Neben der Ladung wurden hier Wasserfässer, Essensvorräte, aber auch Taue und Segel aufbewahrt.

Seeleute:

Das Leben der einfachen Seeleute auf einem Schiff war hart. Die Piraten hatten mehr Freiheiten, und so wurde mancher Seemann Pirat.

Die geheimnisvolle Karte

Der  bückt sich zum  hinunter: „Das ist eine  !“, stellt er fest. Die  jubeln. „Wo liegt der  ?“, fragt Hugo und rückt seine  zurecht. „Auf der  der fröhlichen  !“, liest der  vor.

„Von so einer  habe ich noch nie gehört!“, nörgelt John . „Ich weiß, wie wir hinkommen“, sagt der .

Die  segeln los.

Kurz bevor die  untergeht,

erreichen sie die . Am 

liegt ein  zwischen den .

„Ich glaube, mein  wiehert!“,

schreit Sven mit dem 

und zeigt mit der  nach oben:

Auf jeder  sitzt ein  und grinst.

die Sonne
die Insel
die Schatzkarte
die Augenklappe

Die geheimnisvolle Karte

Mein kleines LEXIKON

Deck:

Das Deck eines Segelschiffes war aus Holzbohlen. Damit sie nicht krumm und schief wurden, mussten sie jeden Tag mit Wasser geschrubbt werden. Auch bei den Piraten.

Schatzkarte:

Nur mit einer solchen Karte kann ein versteckter Schatz gefunden werden. Echte Schatzkarten sind sehr selten und deshalb unglaublich wertvoll.

Schatz:

Die meisten Piraten gaben ihren Anteil an der Beute sofort wieder aus. Vergrabene Schätze gibt es darum leider fast nur in Geschichten.

Insel:

In der Karibik gibt es unzählige Inseln. Manche sind so klein und abgelegen, dass sie zur Zeit unserer Piraten auf keiner Seekarte eingezeichnet waren.

Holzbein und Augenklappe:

Das Piratenleben war gefährlich: Bei ihren Kämpfen verloren viele Piraten ein Bein oder ein Auge und mussten dann ein Holzbein oder eine Augenklappe tragen.

Schiffswrack:

Wenn ein Schiff untergeht oder strandet, wird es zu einem Schiffswrack. Auf dem Meeresboden gibt es sehr viele Wracks.

Auf der Schatzinsel

Der  erklärt die  :

„Unter der  des 

liegt der  vergraben!“

Alle  buddeln so wild mit

ihren  , dass der 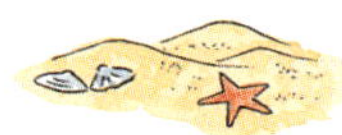 nur

so spritzt. Plötzlich macht es

unter Svens  klonk!

Im  ist ein 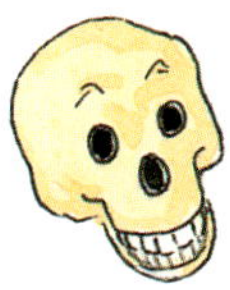 zu sehen!

„Ich habe eine  gefunden!“,

schreit Sven aufgeregt. „Bestimmt

ist sie voll mit  und  !“

Schnell öffnet er die 

mit seinem 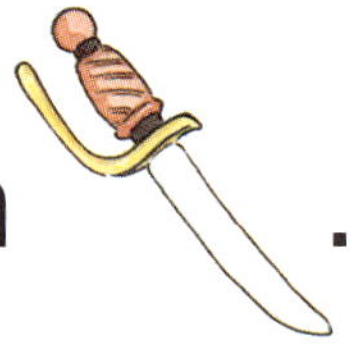.

Dann flucht er laut: „Rostiges :

Lauter olle  über !“

„Wir werfen sie ins !“, schlägt

John  enttäuscht vor.

„Bist du verrückt?", schreit

der  . „Die  verkaufen wir

im nächsten  für viel  .

Die  werden sie uns aus

den  reißen."

„Hurra!“, jubelt Sven mit

dem  . „Dann haben wir ja

doch noch einen tollen 

gefunden! Von dem  können

wir uns so viel  und 

kaufen, wie wir wollen.“

Und John  murmelt leise

in seine vorgehaltene 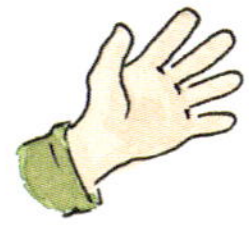 :

„Wie gut, dass unser 

einen so schlauen  hat!“

das Feuer
der Hafen
die Damen
der Sand
das Liebespaar

Auf der Schatzinsel und im Hafen

Galionsfigur:

Eine Galionsfigur war ganz vorne, am Bug eines Segelschiffes, angebracht. Die Seeleute glaubten, dass die Figur ihre Fahrt bewachte und sie beschützte.

Schatzkiste:

Bestimmt hat jeder Pirat davon geträumt, einmal eine Schatzkiste zu finden. Der Totenkopf ist ein Zeichen dafür, dass ein anderer Pirat die Kiste vergraben hat.

Entermesser:

Das Entermesser war eine Art Schwert, das viele Seeleute dabeihatten. Die Piraten benutzten es zum Kämpfen.

Kanonenrohr:

Jedes größere Schiff hatte Kanonen an Bord. Mit den schweren Kanonenkugeln konnten gegnerische Schiffe stark beschädigt und sogar versenkt werden.

Gold und Edelsteine:

Gold und Edelsteine waren die Lieblings-beute der Bukanier. Sie überfielen am liebsten die spanischen Schiffe, die das Gold der Inkas nach Europa brachten.

Hafen:

Die Beute eines Überfalls verkauften die Piraten im nächsten Hafen weiter. Ein berühmter Piratenhafen war Port Royal auf Jamaika.

RUM